AF602383

(3846)

CATALOGUE

DE

PORTRAITS

POUR

ILLUSTRATIONS

PLUSIEURS TRÈS-RARES

COSTUMES DE DEBUCOURT

VIGNETTES EX-LIBRIS, ETC.

COLLECTION DE M. L.....

DONT LA VENTE AURA LIEU

HOTEL DES COMMISSAIRES-PRISEURS

RUE DROUOT, 5, SALLE N° 7

AU PREMIER ÉTAGE

Le Jeudi 8 Juin 1876

A UNE HEURE PRÉCISE

Me **MAURICE DELESTRE**, Commissaire-Priseur,
Successeur de M. DELBERGUE-CORMONT,
rue Drouot, 23,

Assisté de M. **VIGNÈRES**, Marchand d'Estampes,
rue de la Monnaie, 21 (ancien 13), à l'entre-sol,
CHEZ LEQUEL SE DISTRIBUE LE CATALOGUE.

PARIS — 1876

CONDITIONS DE LA VENTE

L'ordre du Catalogue sera suivi.

Elle sera faite au comptant.

Les Acquéreurs paieront CINQ POUR CENT en sus des enchères, applicables aux frais de vente.

M. VIGNÈRES, dirigeant la Vente, se charge des Commissions.

NOTA. Toute commission sans prix fixé ou sans limite déterminée sera regardée comme nulle.

M. VIGNÈRES se charge de faire marquer les prix aux Catalogues des Ventes qu'il a faites. Les personnes qui le désirent peuvent s'adresser à lui *franco*.

Plusieurs Amateurs éloignés en ont reconnu l'utilité pour les guider dans leurs achats sur les valeurs des Estampes.

Les Catalogues des Ventes à faire seront envoyés aux personnes qui en feront la demande *affranchie*.

AVIS. — Nous prions MM. les Amateurs éloignés de ne pas attendre au dernier jour, pour que les lettres arrivent le matin de la vente; la distribution des lettres se faisant après mon départ.

Choix de Catalogues avec prix marqués.

M. VIGNÈRES se charge des Commissions dans les Ventes de Livres et Estampes autres que les siennes.

Nicole 1. 25
Weyer 5

Nicole 2

Lou

Bardin

(384•)

CATALOGUE

PORTRAITS POUR ILLUSTRATIONS

CLASSÉS PAR NOMS DE GRAVEURS

1 **Audran** (E.). Molière, in-8.

2 **Audran** (Cl.). P. de Besse, théologien, in-8.

3 **Balechou.** Louis, dauphin de France, d'après *Tocqué*, in-8. Superbe.

4 **Baour** (L.-F.). J[e] de Segla de Montegut, de l'académie des Jeux floraux, in-8.

5 **Beauvarlet.** Le jeune duc de Bourgogne, in-8, d'ap. *Fredou.* Très-belle ép., marge.

6 — J.-Ch. de Relongue de La Louptiere. — B.-G. Sage. 2 p. in-8.

7 **Benoist** (G.). Marquise de Maintenon, in-8, d'ap. *Mignard.* Superbe ép., marge in-4, très-rare et toute première ép. La figure jeune, l'hermine non ombrée et avant des travaux dans les ornements de la robe.

8 **Bligny** (chez). Louis-César Le Tellier de Louvois, duc d'Estrées, maréchal de France, in-4. Rare.

9 **Bosse** (Ab.). Michel Larcher, président de la Chambre des comptes, in-8. Très-belle ép. — Le titre de l'ouvrage. 2 p.

10 **Bouillard** (J.). J.-A. Roucher, poëte, in-8, d'ap. *Leroy.*

11 **Boutelou** (L.). Marie-Joseph de Chénier, au bas la scène de Charles IX. In-8, rare.

12 **Calamatta**. Georges Sand, in-8.

13 **Cars**. P. Corneille, âgé. — Vertot. 2 p. in-8.

14 — Chevalier d'Orléans. — J. Bailly de Mesmes, les derniers grands maîtres de l'ordre de Malte. 2 p. petit in-4, marge.

15 **Cathelin**. Ch.-Ph. comte d'Artois, d'ap. *Fredou*, in-4. Superbe.

16 — Marie-Antoinette. In-fol. d'après *Fredou.*

16 *bis* — Ch.-Ant. de La Roche-Aymon, archevêque de Reims, in-4, d'ap. *Roslin.*

17 — Jean Racine, in-8. Très-belle ép.

18 — Stanislas, roi de Pologne, in-8.

19 **Chapman**. Louis XVI. — P. Corneille. — Napoléon Ier. 3 p. in-8, ovales en couleur, toute marge.

20 **Chenu**. Marivaux. — Panard. 2 p. in-8.

21 — Biron. — Gabrielle d'Estrées. — Marquise de Verneuil. — Perrenot. 5 p. in-8.

22 **Chevillet**. Buffon, in-4, d'ap. *Drouais* fils, 1761. Superbe.

23 **Chrétien**. T. Delcambre, membre du Conservatoire en l'an II. Petit rond, très-rare.

24 **Claessens**. Lamoignon Malesherbes, in-8. Belle ép.

25 **Clément**. Florian, petit in-18 avec attributs.

26 **Cochin** (D'ap.). D'Alembert. — Fontanieu. — Hue de Miromenil. 3 p. in-4.

Ditchfield. 3.

Ditchfield 6. Weyer 5

Nicole 1.

Nicole 2

Weyer 5 Lemaignan 3.
Bardin

Hoyard 5.

Laguerre 2

Houyard 3.50

Beraldi 4

Bardin Ditchfield 5

Bardin

Bardin Houyard 2

27 — Duc de La Vallière. — Philidor. 2 p. in-4.

28 **Coron** 1787. A.-J. Sigaud de La Fond, professeur de mathématiques des académies de Pétersbourg et autres.

29 **Crespy**. Fr. Armand de Lorraine, évêque de Bayeux. Très-belle ép., marge.

30 **Courbe**. Buffon, avant la lettre, in-8, belle ép. Marge.

31 **C. V. D.** Ch.-P. Colardeau, académicien, in-8 d'ap. *Voiriot*, marge.

32 **Daret**. Lorraine, Claude, Henri, Marguerite, duchesse d'Orléans, Henri de Savoye, archev. de Reims. 4 p. in-4, belles ép., marge.

33 **Daullé**. Boileau. — Chomel, médecin. 2 p. in-8.

34 — Fénelon. — Martin Pallu, jésuite. 2 p. in-8, très-belles ép.

35 **De Bréa**. Mlle Renault l'aînée, Comédie italienne, in-4.

36 **De Launay** (N.). Dorat. — Fénelon. — Fontenelle. — Mme de Tencin. 4 petits p. in-18.

37 — Raynal, in-8. — Le même in-4. — Comte de Tressan, in-8. 3 p.

38 **Delvaux** (R.). Jeanne d'Arc, in-8, belle ép. marge.

39 — Baron. — De Belloy. — Le Franc de Pompignan. — Palaprat. — Pascal. — Piron. — Racine. — Saurin. — Staal. 9 portraits in-18.

40 — Campistron. — Hue. — Racan. 3 p.

41 — Dame grecque pinçant de la mandoline, in-4.

42 **Delvaux** (A.). Mmes Benoist. — Guizot. — Le prince de Beaumont. 3 p. in-18.

43 **De Marcenay**. Bayard, in-8, marge.

44 — Charles VII, in-8, marge.

45 — Maréchal de Saxe, in-8, marge.

46 **Dequevauvillers**. Sabatier, médecin, in-8, Avant toute lettre sur chine, non fixé.

47 **Dervice**. Andréas Guil. de Gery, abbé de Sainte-Geneviève de Paris, in-8.

48 **Desrochers**. Bossuet, première ép. légèrement rognée des côtés, superbe. — Le même, 2e état avec : Décédé le 12 avril 1704, âgé de 78 ans. 2 p. in-8.

49 — Louise-Henriette de Bourbon-Conti, in-8. Très-belle ép. marge.

50 — Arnaud, év. d'Angers. — Baluze. — Le Courayer. — Gonnelieu. — Le Nain de Tillemont. — Montfaucon. 6 p. in 8.

51 — Anne de Boulen. — Mme Dacier. — Ch. Le Brun et autres. 10 p. in-8.

52 **Drevet**. Boileau, in-4, d'ap. de *Troy*, très-belle ép.

53 **Duflos**. Boileau. — Chaulieu. — Corneille. — De La Vigne. — Deshoulières. — Malherbe. — Marot. — Molière. — Ch. Perrault. — J. Racine. — Regnard. — J.-B. Rousseau. 12 p. in-8.

54 — Duclos. — Fontenelle. — Moncrif. 3 p. in-8.

55 — Catherine de Clermont. — J.-F. de Gondi. 2 p. in-4.

56 **Duhamel**. Crébillon. — Bernard de La Monnoye. 2 p. in-8.

Lemeignen le.

Weyer

Leguevre 3.

L.

L.

Wyer 5 Laguerre 3 Ditchfield 7

M.D.C. 3 Hougard 5

L.

M.D.C. 3

L.

L. M.D.C. 3

M.D.C. 3

Bardin M.D.C. 3

M.D.C. 3

Way

57 **Dupin.** Marie-Thérèse, reine de Hongrie. — Phelipeaux de Maurepas. 2 p. grand in-8, marge.

58 **Duponchel** (C.). Littérateurs divers, in-18. 11 p.

59 **Dupreel.** Diderot, in-8, très-belle ép.

60 **Edelinck** (G.). Fléchier, in-8 d'ap. *Rigaud.*

61 — Le Fevre. — Mellan et autres tirés des grands hommes de Perrault. 5 p. grand in-4.

62 **Edelinck** (N.). Baillet. Tourreil. 2 p. in-4.

63 **Ellenrieder** (Maria), 1817. Portrait d'homme à grand manteau et bonnet fourré, petit in-4, belle ép., marge.

64 **Fessard.** Marie Stuart, riche costume, in-8, belle ép.

65 — Floncel. — Marguerite de Lussan, 2 p. in-8.

66 **Ficquet.** P. Corneille, in-8, d'ap. *Le Brun,* très-belle ép.

67 — Crébillon, in-8 d'ap. *Aved,* très-belle ép.

68 — Eisen (Ch.), in-8, d'ap. *Vispré.*

69 — Marquise de Maintenon, in-8, sans marge.

70 — Molière, in-8, d'ap. *Coypel,* très-belle ép.

71 — Abbé Prévost, auteur de Manon Lescaut, in-8.

72 — Regnard, in-8, d'ap. *Rigaud.* Superbe ép., marge. De la vente Rochoux.

73 — J.-B. Silva, médecin, in-8, d'ap. *Rigaud.* Superbe ép. toute marge.

74 — Vadé, chansonnier, in-8.

75 — Puffendorff, in-8, en travers, très-belle ép.

76 — Van Balen — Crayer — Rubens. — Wildens. 4 p. avec texte, belles ép.

77 **Fillœul**. Pierre Hevin, avocat au Parlement de Bretagne, in-4.

78 **Folkema,** 1742. La Bruyère, in-8, d'ap. *de Saint-Jean*. Superbe.

79 **Galle** (C.). J. Jacob Chiflet, in-4, magnifique ép.

80 — Juste Lipse, petit in-fol., marge.

81 **Gaucher**. Fortunée Briquet, poëte, in-8. Très-belle ép., marge.

82 — Buffon, in-8, d'ap. *Drouais*.

83 — Comtesse de Carcado, in-8, d'ap. *M*[lle] *Loir*, très-belle ép.

84 — Condé, in-8, d'ap. *le Juste*.

85 — P. Corneille, d'ap. *Le Brun*, très-belle ép.

86 — Demoustier, in-8, d'ap. *Ducreux*.

87 — Mme de Graffigny, in-8.

88 — Kotzebue, ovale in-12, avant la lettre, superbe ép., marge.

89 — La Fontaine, très-petit ovale sur papier très-mince. Superbe.

90 — Lamoignon Malesherbes, in-8, très-belle ép.

91 — Lassus (Pierre), chirurgien, in-8, très-belle ép.

92 — J.-Ph. Le Bas, graveur, la gravure le couronne. In-8, belle ép.

93 — Marc Aurèle, in-8.

94 — Marie Antoinette, profil dans un petit médaillon sur des nuages, in-8 d'ap. *Moreau*, très-belle ép.

95 — Mme Le Gras Marillac, in-8, marge.

96 — Marmontel, in-8, belle ép.

Lemeignan 3.50

M. D. C. 3.

Ditchfield. 10. Beraldi 6.

Michel 3.

Michel 3.

Michel 3.
Houzard 3.
M. D. C. 3
M. D. C. 3.
Michel 6 M. D. C. 3.

Michel 11 Beraldi 11. M. D. C. 3 Bard 100.
Haben

Michel 2.50

Courtaud 6 Laquerre 5 Bard 100.
Haben

Michel 4 Beraldi 4.
Michel 3 M. D. C. 3.

L. Michel 2.50

Nicole 2.50 Michel 2

Nicole 2

Weyer 5 Michel 2

Michel 7

Ditchfield 5

Michel 4

97 — Le Tellier de Montmirail, in-8 d'ap. *Fredou*, rare.

98 — Nicole, in-8, d'ap. *Ph. de Champagne.*

99 — J.-P. André de Saint-Marc, in-8 d'après *Danloux*, très-belle ép. marge.

100 — G.-J. Soret, de l'académie de Nancy, in-8, superbe ép.

101 — Tubières de Caylus, évêque d'Auxerre, in-8, superbe, toute marge.

102 — Le comte de Vergennes, in-12, d'ap. *Callet*, superbe ép.

103 — Baïf, Belleau, Du Bellay et autres, in-12. 11 portraits.

104 **Gaultier**, 1614. Josias Berault, in-4, texte au revers.

105 — Pierre Charron. — Claude Fauchet. 2 p.

106 **Gribelin.** Guil. Trumbull, agent pour les rois Jacques Ier et Charles Ier à Bruxelles, in-8, très-belle ép., rare.

107 **Guiard** (D'ap. Mme). Madame Élisabeth, in-4, ovale, belle ép.

108 **Heiden** (Ja. Ab.). J.-B. Porta, physicien, in-8, rare.

109 **His** (J. de). Louis de Valois, duc d'Angoulême, in-4, rare.

110 **Hubert.** Chaulieu, in-8 d'ap. *de Troy*, très-belle ép.

111 — La Roche Saint-André. — Chevalier de Valbelle. 2 p. grand in-8.

112 **Huret** (Grégoire). Anne Geneviève de Bourbon, duchesse de ***Longueville,***

Vénus, dans ce divin portrait,
Voyant de ses beautez iusques au moindre trait,
Se figura d'abord en estre le modelle;
Le regardant mieux toutefois,
Pourquoy tant de graces, dit-elle,
Car jamais avec moy ie n'en vis plus de trois.

grand in-8 d'ap. *Les Beaubruns.* Superbe ép. d'une grande rareté, petite marge.

113 **Ingouf.** Boileau. — Chapelle. — Corneille. — Deshoulières. — La Fontaine et autres. 17 p.

114 **Joullain.** Ch. Rivière Du Fresny, in-8, d'ap. *Coypel.*

115 **Lambert.** J.-B. Viotti, célèbre compositeur.

116 **Landry.** Louis XIV, couronné de lauriers, in-8, très-belle ép.

117 **Larmessin** (de). Pierre Séguier, in-4, superbe.

118 **Lasne** (Michel). Lumagne, amateur. — Nicolas de Verdun. 2 p. in-4.

119 **Le Beau.** Catherine Alexiewna II. Grand in-8, superbe, marge.

120 — Mme de Warens, in-8 d'après *P. Battoni.* Superbe ép., marge.

121 — L.-F. prince de Conty. — Goldoni. — Joseph II. — Lowendal. — Richelieu, cardinal. 5 p. grand in-8.

122 **Le Mire.** Jeanne d'Arc. — Poullain de Saint-Foix. 2 p. in-8.

123 **Le Roy.** Beaumarchais, in-8 d'ap. *Cochin.* Très-belle ép., marge.

124 **Leu** (Th. de). Charles IX, in-8, marge.

Michel 12 Ligneról 52 Beraldi 8. Bardin [illegible] 65

Bojoly 5

Beraldi 5

Beraldi 4 M. d. C. 3.

M. D. C. 4.

Hougard 4. [illegible]

Giraudat 15 M. D. C. 4.

M. d. C. 3

Bardin
Michel 6

M. d. C. 3

L.

Houzard 5

125 — Louise de Lorraine, grand in-8.

126 **Lignon.** Boileau Despréaux, in-8.

127 **Lips.** Goethe, portrait de face, in-8, superbe.

128 **Littret.** Comte de Caylus, in-4, toute marge.— Sauvé de La Noue, in-8. 2 p. très-belles ép.

129 **Lubin** (Jac.). Arnauld d'Andilly. — Achille de Harlay. — Papire Masson. — Senault. 4 p. in-4.

130 **Mariage.** Madame de Pompadour, in-12.

131 **Massard.** Gravelot, in-4, d'ap. *La Tour*, très-belle ép.

132 — De La Salle, chanoine de Reims, in-12 colorié, superbe ép. marge.

133 **Masquelier.** Rameau. — Lully. — Piccini.— Thibaut et Blanche. 3 en-têtes de pages.

134 — Mme Barilly, in-4. — De Grignan, coadjuteur d'Arles. 2 p.

135 **Meerllen**, 1652. Magdeleine de Crequy, duchesse de Villeroy, petit in-fol.

136 **Mellan.** Claude de Marolles, in-4, belle ép.

137 **Meurs.** René Descartes, in-4, d'ap. *Hals.*

138 **Miger.** Jeanne d'Albret. — Marguerite de France. — Ch. Cath. de La Trémoille, et princes de la Maison de Bourbon. 12 p. in-4.

139 **Moncornet.** Louis de Bourbon-Soissons. — Duc de Walstein. 2 p. in-8.

140 — Roger de Bellegarde. — Gaston d'Orléans. 2 p. in-8. Superbes.

141 **Moreau.** Pierre, cardinal de Bérulle, à genoux adorant la Vierge qui lui apparaît au ciel. Gr. in-8.

142 **Nanteuil.** Scudéry, in-4, 1er état.

143 — Voiture, in-4.

144 **Notté** (C.-J.). Dupaty, président au Parlement de Bordeaux, in-12, très-belle ép. marge.

145 **Odieuvre** (Suite d'). Célébrités diverses. 19 p.

146 **Pariset.** L. Du Puy, in-4 d'ap. *Pujos.*

147 **Pas** (C. de). Bacon, in-8 avec texte.

148 **Pasquier.** Creuzé La Touche, député, 1789. Petit médaillon, très-rare.

149 **Petit**. Molière, in-8, très-belle ép. marge in-4.

150 **Pfeiffer.** Femme en chapeau lisant une lettre; sur le haut du médaillon un pigeon sur des roses tient une banderolle avec : *Ferdinand aan Charlotte.*

151 **Picart** (B.). P. Corneille, in-12, superbe.

152 — La Fontaine. — Mezeray. — J. Le Clerc. 3 p. in-8.

153 **Pitau.** La duchesse de Bourgogne, médaillon soutenu par quatre amours au-dessus du titre de l'office de la Semaine sainte. Très-grand in-8.

154 **Ponce.** Jacques Amyot, entouré de figures allégoriques. Très-belle ép., marge grand in-8.

155 **Quenedey**. Morel de Vindé.

156 **Ravenet**. Ch. Rollin, in-8. Belle.

157 **Regnesson**. Ven. M. Maria a Jesu ord. Monial. Carmelite, in-8, superbe.

158 **Robert** (J.). Angélique-Marguerite Ducoudray, célèbre pour les accouchements. Très-grand in-8, rare.

159 **Roger**. Noverre, célèbre maître de ballets, in-8, très-belle ép.

160 **Romanet.** L.-F. de Bourbon-Conti, grand in-4 d'ap. *Le Tellier.*

Michel 11

M. D. C. 4. <u>Bardin</u>
Michel 8

Nougaro 3. M. D. C. 3.

Michel 4.

M. D. C. 3.

Michel 6.

Michel 4.

Bardin

L.

Bardin

Clement. 10

Lu

Kemignu 15 Bardin Balezeaux 20

161 — Élisabeth, Ph. Marie-Hélène de France, sœur du dauphin, très-grand in-8, marge, très-belle ép.

162 **Rousselet.** Louis-Henri de Lomenie de Brienne. — G.-F. Berthier, jésuite. 2 p. in-8.

163 **Saint-Aubin** (Aug. de). Linguet, *ad vivum*, 1773, profil, très-grand in-8. — D'ap. *Greuze*, 1780, grand in-8. — Entouré de fig. allégoriques, grand in-8. 3 p. très-belles.

164 — Mancini Nivernois, né en 1716, in-8, superbe.

165 — A. Baumé, apoticaire. — Bosquillon, médecin. — Pouteau, chirurgien. 3 p. in-8.

166 — Arnauld. — Blanchet. — Mably. — Sanson. 4 p. in-8.

167 — Boileau. — Crébillon. — Racine. 3 portraits in-8. Lettres grises, superbes ép. toute marge.

168 — De Belloy. — Fénelon. — Fenouillot. — Gessner, etc. 5 p. in-8.

169 — Delille. — Diderot. — Marmontel. — Racine. 5 p. in-8.

170 **Salvador.** V.-Fr. duc de Broglie, in-8.

171 **Savart.** Catinat. — La Bruyère. 2 p. in-8.

172 — J. Racine, in-8, belle ép.

173 **Schiavonetti.** Louis XVI. — Marie-Antoinette avec diadème, la tête penchée à gauche, coiffée en cheveux, par *Bartolozzi.* — Louis XVII. — Élisabeth, coiffée de plumes, par *Bartolozzi.* — Louis XVIII. — M.-J.-L. de Savoie. — Monsieur — Duc d'Angoulême. — Duchesse, — avec perles dans les cheveux, par *Bartolozzi.* — Duc de Berry. — Et le titre : Lâche qui les abandonne. 13 p. lettre grise, suite complète. Rare.

174 **Schmidt**. Jean Law, in-8.

175 **Schuppen** (Van). Mme Deshoulières, in-8, belle.

176 — Fr. Pithou, petit in-fol., belle.

177 **Scotin**. Avrillon, minime. — Fauchard. — J. Taylor, médecin. 3 p. in-8.

178 **Sergent**. Necker, in-4 en couleur.

179 **Tardieu**. Françoise de La Croix, religieuse hospitalière de la Charité N.-D., in-8.

180 **Thomas**. Élisabeth. — Marie-Stuart. 2 p. in-8.

181 **Valdor**. Otgervs Loncinvs, abbé de Saint-Laurent, in-8, très-belle ép.

182 **Vangelisty**. Argenson. — Bell-isle. — Le Peletier. 3 p. in-4.

183 **Vermeulen**. J. de La Quintinye, in-4, belle ép.

184 **Voyez**, Marie Ad. Cl. Xavière de France (Madame), grand in-8, superbe ép., marge.

185 — J.-L. de Buisson de Beauteville, évêque d'Alais, in-4, superbe ép., marge.

186 **Weiss**, 1815. Le comte de Lagarde. — Trembecki. 2 p. in-4, toute marge, superbes.

187 **Wierix** (A.). Robert Bellarmin, cardinal, in-8.

188 **Will** (J.-G.). F. Quesnay, médecin, in-8.

PORTRAITS

CLASSÉS PAR NOMS DE PERSONNAGES

189 ***Angoulême***, duchesse, et son frère Louis XVII. 4 p. in-8.

190 ***Bassompière***, in-12 et in-8. 2 p.

11. 9. C. 4. L.

Litchfield 10

Aeraldi 8 Weyer 10 A

Dardin

L.

Bapti 6

M. d. P. 4

Bardin

Bardin

L.

Lemagnan 5 Bardin

Bardin

Balezeau 5

Bardin M. d. C. 4, Weyer 5

Bardin Michel 8

Bardin Michel 6

191 **Bernardin de Saint Pierre** par Lignon et Pelée. 2 p. grand in-8.

192 **Bernis**, cardinal, in-18, par Saint-Aubin, Guyard, etc. 4 p.

193 **Bourdaloue**, par Simonneau, etc. 2 p. in-8.

194 **Condé** étant jeune. Ovale, par Frosne. — Autre, plus âgé. 2 p. in-8.

195 **Corneille** (P.), par Droyer, Ingouf, Thomassin, etc. 6 p. in-8.

196 **Croy** (Ch.-Alex. duc de), in-4, belle ép.

197 **De Sales** (J. Del.), par Duflos et Vinsac, 2 p.

198 **Du Barry** en couleur, par *Bonnet,* avant toute lettre, sans marge.

199 — Par *Bovinet,* in-8, superbe ép. toute marge.

200 — Par *Lebeau,* grand in-8, marge.

201 — Par *Legrand,* médaillon entouré de fleurs, in-8, très-belle ép.

202 — Anonyme avec six vers à sa louange, in-8, rare.

203 **Dubocage** (Mme), par Tardieu le fils. — La copie. — Plus petit, par J. Tardieu. 3 pièces in.-8 Belles ép.

204 **Dubois,** cardinal, par Desrochers. — C. Roy et autre. 3 p. in-8.

205 **Davy du Perron,** archev. de Sens, par Ingouf. — Odieuvre. 2 p. in-8.

206 **Élisabeth** (Mme). 3 portraits différents.

207 **Favart** (Mme) entourée de roses. In-8 par *Chenu.* Très-belle.

208 — Profil par *Flipart,* d'ap. Cochin. In-8.

209 — Ninette, par *Le Bas.* In-8. Belle ép.

210 ***Favart.*** In-8, sans marge.

211 ***Fontenelle,*** par Bacheley. — Dossier. — Ingouf. 3 p. in-8. Belles ép.

212 ***Fourier*** (Pierre), curé de Mataincourt. In-4, chez Jollain.

213 ***Gessner.*** In-18 différents. 4 p.

214 ***Grétry*** avant la lettre, par Simon, d'après Isabey et autre. 2 p. in-8.

215 ***Grignan*** (Comtesse de), par Aubert. — Petit. — Pinssio. — Roger et autre. 5 p. in-8.

216 ***Henri IV*** différents. 4 p. in-8.

217 ***Huet*** (Daniel), par Jongman et Trouvain. 2 p. in-8. Très belles ép.

218 ***La Fontaine,*** par Bertonnier. — Delvaux et autres. 7 différents.

219 ***La Motte,*** comtesse de Valois. 2 p. in-18.

220 ***La Rochefoucauld,*** par Saint-Aubin. In-8, lettre grise. Superbe ép. toute marge et autres. 3 pièces.

221 ***Louis XIII,*** par Daret. In-4, et autres in-8. 3 pièces.

222 ***Louis XIV,*** par Delvaux, Martinet, B. Picart. 3 p. in-8. Belles ép.

223 ***Louis XV*** à différents âges, par Duflos, Scotin et autres. 8 différents in-8.

224 ***Louis XVI,*** in-4 et in-8, et son père, par Boizot, Clément, Le Beau, etc. 6 p.

225 ***Louis XVI*** et Famille, par Biosse et par Saint-Aubin. 2 p. grand in-8, avant la lettre, marge. Superbes ép.

226 ***Louis XVII,*** par Gabrielli et autres. 3 p.

M. D. C. 3.

Nicole 1.50

M. D. C. 3. L.
M. D. C. 3

M. D. C. 5. Lemaignan 5 L.

Weyer 3.

M. D. C. 4.

Weyer 5 M. D. C. 4. Bardin
M. D. C. 5. Bardin

Bardin

Beraldi 7. Bardin

Bardin

Lemercier 5

Bardin Meyer 15

Lemercier 8 Bardin Meyer 20

Bardin

Lemercier 4

L. Beraldi 11

Bapts 2 Nicole 2.50

Bapts 3

Meyer

L. M.D.C. 6

M.D.C. 3

M.D.C. 2

L.

Nicole 2.50 Michel 9

M.D.C. 4

Beraldi 10 Bapts 10

227 **Louise-Marie** de France, prieure des Carmélites de Saint-Denis. 3 portraits différents, grand in-8.

228 **Maintenon** (Marquise de), in-12.

229 **Marie-Antoinette** et Louis XVI. 2 petits portraits in-18 par Vidal. Versailles, chez Blaizot. Rares.

230 — Dauphine, in-8, par Hubert. Très-belle.

231 — Différents. 6 p. in-8.

232 **Marie Leczinska,** in-8, joli costume.

233 — Par Le Beau, église de Saint-Denis en bas, grand in-8, superbe, marge.

234 — Différents. 2 p. in-8.

235 **Maury** (Jean Siffren), abbé, avec fig. allégorique, gravée, in-8. Superbe.

236 **Mazarin,** Larmessin et autre. 2 p. in-12.

237 **Médicis** (Marie de), petit in-4.

238 **Mirabeau** et Sophie. 2 p. in-8.

239 **Molière,** par Fessard, Ingouf et autres. 10 p. différents

240 **Montaigne,** in-8 différents. 3 pièces.

241 **Montesquieu,** par Benoist et autre. 2 p.

242 **Monteynard** (Marquis de). — Le même, les ornements de l'habit enlevés, les armes changées et, à la place du nom, *M. le comte de Saint-Germain*. 2 p. grand in-8.

243 **Mouchy** (Ph. de Noailles, duc de), médaillon. Très-rare.

244 **Necker** en couleur et en noir. 8 différents.

245 **Ninon de Lenclos,** par Aubert, Pinssio, Saint-Aubin, Schmidt. 5 p. in-8.

246 **Pascal,** in-8 différents. 2 p.

247 **Piron,** par de Launay, Ingouf, Le Mire, Saint-Aubin. 4 p. in-8.

248 **Prévost** (L'abbé), in-8, par Will. Très-belle.

249 — Par Ficquet — chez Daumont. 2 p. in-8.

250 — Par Schley, in-4, 1746.

251 **Provence** (Comte de), par Duhamel, Le Beau et autre, et sa femme. 4 p. grand in-8.

252 **Rabelais,** goût de Mellan — par Desrochers. 2 p. in-8.

253 **Racine,** par Cathelin et Dupin. 3 p.

254 **Rousseau** (J.-B.). 3 p. in-8.

255 **Rousseau** (J.-J.). 6 portraits différents.

256 **Sévigné** (Marquise de), in-8, par Chereau.

257 — In-8, par d'Herbez. Très-belle ép.

258 — In-8, par Pelletier.

259 — Par Roger et autre. 2 p.

260 **Stanislas,** roi de Pologne, par Cathelin, François. 2 p. in-8 et plus petit.

261 **Sully,** in-8 différents. 3 p.

262 **Thou** (Christophe de), in-4. Superbe.

263 **Voisenon,** in-8, par Cathelin, Dupin. 2 p.

264 **Voltaire,** par Balechou, Cathelin et autres. 16 p. dont un dessin.

265 **Portraits** d'artistes, acteurs, etc. 8 p.

266 — Clergé, Ecclésiastiques. 20 p.

267 — Femmes célèbres. 17 p.

268 — Grands maîtres de Malte. 42 p.

269 — Littérateurs. 42 p., 2 lots.

270 — Médecins, Chirurgiens. 16 p.

271 — Princes et Princesses. 9 p. in-12.

M. d. C. 3.
M. d. C. 4

Clement 10 M. d. C. 3.
M. d. C. 4
M. d. C. 3.

M. d. C. 3.

M. d. C. 4.
Laguerre 4 M. d. C. 4.
M. d. C. 5
Laguerre 4 M. d. C. 5
Laguerre 4 M. d. C. 6.

Besson 6. Giraudet 12.
M. d. C. 8.

L.
L.

L.

M. aver

Bardin M.D.C. 10 Michel. 11 Courant 4

Ditchfield 25

Ditchfield 40 Hangard 12.

M.D.C. 15 Magnard 20

L. Ditchfield 10
M.D.C. 8

272 — Personnages de la Révolution. 24 p.

273 — Célébrités diverses. 52 p., 2 lots.

COSTUMES ET VIGNETTES

274 **Debucourt.** Modes, etc., n° 1. Il va l'apaiser, grand in-8 colorié. Rare.

275 — N° 3. La phrase changée, colorié. Rare.

276 — N° 4. Chaise vacante, colorié, sans marge. Rare.

277 — N° 36. Ah! qu'il fait saud! Thermidor, an VIII, colorié. Rare.

278 — Costumes parisiens, an IX. 2 p. coloriées.

279 **Pièces historiques.** Conversation de Mme Necker avec Mme la princesse de P... (Polignac). — Le Bosquet et autre. 3 p. in-8.

280 **Titres** anciens de L. Gaultier, 1607, et d'après Huet, Leclerc, Boucher, etc. 18 p.

281 — Sur bois, 1556, 1587. Marques d'imprimeurs, fleurons, etc., sur bois et sur cuivre. 50 p.

282 **Ex libris** avec armoiries, blasons, médecins, etc. 63 p.

283 **Boucher** (D'ap.). Suite complète pour Molière, par Fessard. 34 p. in-12. Très-belles ép.

284 **Choffart.** Titres et fleurons. 11 p.

285 **Gravelot** (D'ap.). Vignette pour la Nouvelle Héloïse. 12 p. et frontispice. 13 p. superbes.

286 **Gravelot.** Galerie du Palais marchand, par *Le Mire*. — Le dessin soutenant le portrait de Gravelot, par *Henriquez*. 2 p. in-8.

287 **Marillier.** Titres et vignettes par de Ghendt, Gaucher, Masquelier, etc. 6 p.

288 **Moreau** le jeune. Titres ornés, Cathédrale d'Orléans, fleurons, etc. 11 p.

289 — (D'ap.). Titres, vignettes et fleurons. 11 p.

290 **Moreau** (D'ap.). Réduction in-12 pour Molière, avec les Commentaires de Bret. 33 pl. très-belles.

291 — Suite pour Paul et Virginie, dont 4 avant la lettre. 5 p. en tout.

291 *bis* — 1re suite pour la Nouvelle Héloïse. 12 p. et 6 frontispices, d'ap. *Marillier*. 18 p. très-belles.

292. **Pasquier.** Suite de 8 vignettes pour la première édition de Manon Lescaut. Rares.

293 **Prudhon** (D'ap.). Suite pour la Nouvelle Héloïse. 5 p.

294 **Saint-Aubin.** Titre du Commentaire de la Henriade, avec les portraits de Voltaire, de La Beaumelle, Fréron. Grand in-8, marge. Superbe ép.

295 **Vignettes** pour les Mémoires du baron de ... par l'abbé de Crillon. 3 p.

296 — Pour Térence, par Saint-Aubin et Choffard, d'ap. Cochin. 9 p.

297 — Pour Paul et Virginie, in-4 d'ap. Prudhon, Moreau, Girodet, etc. 4 p.

298 **Vignettes** diverses d'ap. Binet, titres d'après Eisen, par de Longueil et autres, d'après Queverdo, etc. 16 p.

299 **Photographies** d'ap. Moreau, etc. 4 p.

Ves Renou, Maulde et Cock, imprs de la Cie des Commissaires-Priseurs, rue de Rivoli, 144. 65072

Litchfield 5. M. D. C. 8

L.

Litchfield 10. L.
Maynard 15 M. D. C. 6

Maynard 10 M. D. C. 5 etc Lemoignan 4.

M. D. C. 10.

Maynard 30 Clarmen 20 M. D. C. 100
xxx

Weyer 10. Lamé 10. M. D. C. 6

L.

M. D. C. 8 Lemoignan 8.

		28 60 %			
660 catalogues à 5c	33			1734	
4 Mains chemises	6				
Transport à l'hôtel	2				
Honoraires 10 %	173.50				
		214	50		
75 affiches et afficheurs (petites)		28	10		
Insertions au Moniteur des ventes		12			
Déclaration de vente		2	20		
Timbre du procès verbal		5	40		
Enregistrement		47	25		
Versement en bourse commune		54	90		
Honoraires Delestre		54	90		
Location de la salle		21	20		
Clerc et Crieur		12			
700 Catalogues		115	75		
Commissionnaire		5			
Supplément de travail aux employés		10			
		583	20		
Déduire 5 % des acquéreurs		86	70	496	50
				1237	50
Déduire acquisition				254	60
				982	90

www.ingramcontent.com/pod-product-compliance
Ingram Content Group UK Ltd.
Pitfield, Milton Keynes, MK11 3LW, UK
UKHW020457180726
13839UKWH00004B/1829